LETRAS
Y
NÚMEROS

Coloca el número debajo de cada letra y suma

Ficha 1

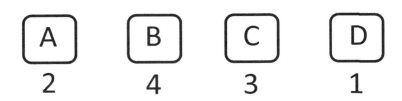

A — 2   B — 4   C — 3   D — 1

E	A	M	F	B	K	C
+	2 +	+	+	4 +	+	3

= 7

P	C	U	A	D	S	Z
+	+	+	+	+	+	

= ☐

A	R	D	H	W	B	Y
+	+	+	+	+	+	

= ☐

	A		B	C		D
+	+	+	+	+	+	

= ☐

Coloca el número debajo de cada letra y suma

Ficha 4

M	N	O	P
6	5	4	3

M	K	J	P	O	F	N
+	+	+	+	+	+	

= ☐

O	L	G	N	H	N	E
+	+	+	+	+	+	

= ☐

B	M	W	N	D	P	X
+	+	+	+	+	+	

= ☐

P	Z	U	T	N	C	O
+	+	+	+	+	+	

= ☐

Cuenta el número de cada figura y anota debajo

Ficha 5

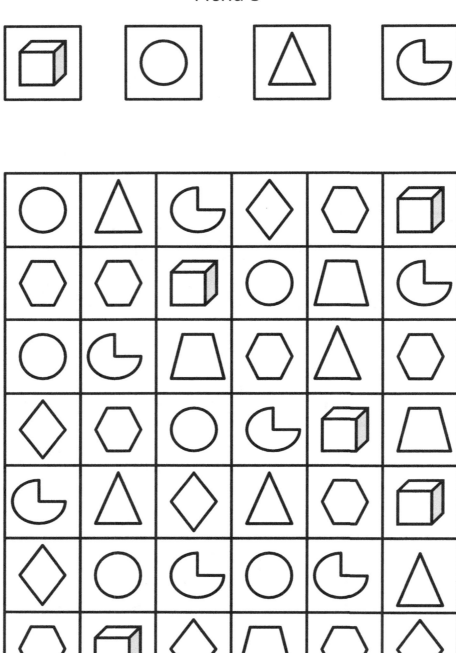

Cuenta el número de cada figura y anota debajo

Ficha 6

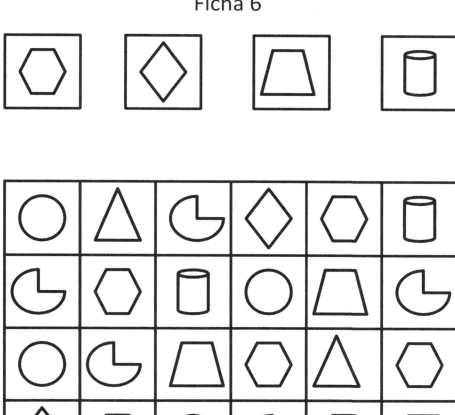

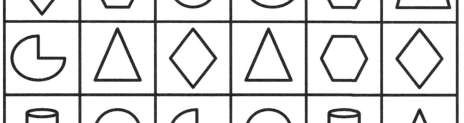

Cuenta el número de cada figura y anota debajo

Ficha 7

Cuenta el número de cada figura y anota debajo

Ficha 8

Las letras de cada celda están debajo del rompecabezas.
Intente reconstruir el mensaje original eligiendo las letras para cada celda.

BURDO- BROMA- BRISA -BELLO –BEBER- BINGO

B		O	M	A
				A
B				
B	E	B	E	R
	I	N		O

↑ ↑ ↑ ↑ ↑

	R		S	
B	U	I	G	
B	R	R	L	O
B	E	L	D	O

B	U	R	D	O
B	R	O	M	A
B	R	I	S	A
B	E			
B	E	B	E	R
B	I	N		O

	R		S	
B	U	I	G	
B	R	R	L	O
B	E	L	D	O

Las letras de cada celda están debajo del rompecabezas.
Intente reconstruir el mensaje original eligiendo las letras para cada celda.

Ficha 9

CREAR –COMER-CAUSA-CARTA-CLARO- COGER

C	R	E	A	R
C				
	A			A
	A	R	O	
	O	G	E	R

C				
C	O	R	S	
C	L	U	T	R
C	A	M	E	A

Las letras de cada celda están debajo del rompecabezas.
Intente reconstruir el mensaje original eligiendo las letras para cada celda.

Ficha 10

PODER-PERRO-PEDIR-PONER-PARTE-PAPEL

			E	R
P	E			
P				R
P			E	R
P	A			
	A	P	E	L

		D		
		R		
	O	N	R	
P	E	D	T	E
P	O	R	I	O

Las letras de cada celda están debajo del rompecabezas.
Intente reconstruir el mensaje original eligiendo las letras para cada celda.

Ficha 11

DESEO-DONDE-DECIR-DULCE-DEJAR-DEBER

D		S		O
D	O	N		E
D	E			
		L	C	E
				R
D		B		

		E		
U		I		
E		E		
D	E	J	A	R
D	E	C	D	R

Las letras de cada celda están debajo del rompecabezas.
Intente reconstruir el mensaje original eligiendo las letras para cada celda.

Ficha 12

FELIZ- FINAL-FORMA-FALTA-FRASE-FÁCIL

	I		A	
F	O		M	
	A	L		A
F	R	A	S	E
	Á		I	

F	N		A	
F	L		L	
F	C	I	Z	
F	E	R	T	L

Las letras de cada celda están debajo del rompecabezas.
Intente reconstruir el mensaje original eligiendo las letras para cada celda.

Ficha 13

PODER-PERRO-PEDIR-PONER-PARTE-PAPEL

	O			R
	E		R	
P	E	D	I	
			E	R
	A			E
P		P	E	

P	N		
P	R		R
P	O	D	T	L
P	A	R	E	O

CUADROS MATEMÁTICOS

Rellena los números que faltan, son números del 1 al 9.
Cada numero solo se utiliza una vez.

Ficha 1

2	+	8	+	9	19
+	■	+	■	+	
	+		+	7	16
+	■	+	■	+	
	+		+		10
12		12		21	

4	+	7	+	3	14
+	■	+	■	+	
	+		+		19
+	■	+	■	+	
1	+		+		12
11		21		13	

Rellena los números que faltan, son números del 1 al 9.
Cada numero solo se utiliza una vez.

Ficha 2

	+	5	+		18
+	■	+	■	+	
8	+		+	4	21
+	■	+	■	+	
1	+		+		6
16		16		13	

2	+	4	+		9
+	■	+	■	+	
1	+		+	8	14
+	■	+	■	+	
9	+		+		22
12		16		17	

Rellena los números que faltan, son números del 1 al 9.
Cada numero solo se utiliza una vez.

Ficha 3

	+		+	5	10
+	■	+	■	+	
6	+		+	7	17
+	■	+	■	+	
1	+	8	+		18
9		15		21	

	+	3	+	9	18
+	■	+	■	+	
	+		+		11
+	■	+	■	+	
1	+	7	+	8	16
12		12		21	

Rellena los números que faltan, son números del 1 al 9.
Cada numero solo se utiliza una vez.

Ficha 4

1	+	8	+	4	13
+	■	+	■	+	
	+		+		18
+	■	+	■	+	
9	+	3	+		14
15		18		12	

	+	9	+	4	19
+	■	+	■	+	
2	+	3	+	8	13
+	■	+	■	+	
	+		+		13
9		19		17	

Rellena los números que faltan, son números del 1 al 9.
Cada numero solo se utiliza una vez.

Ficha 5

	+	7	+		16
+	■	+	■	+	
	+		+		13
+	■	+	■	+	
1	+	6	+	9	16
8		16		21	

4	+		+	8	17
+	■	+	■	+	
	+		+		17
+	■	+	■	+	
	+	3	+	1	11
13		17		15	

Rellena los números que faltan, son números del 1 al 9.
Cada numero solo se utiliza una vez.

Ficha 6

6	+		+		10
+	■	+	■	+	
	+		+	4	13
+	■	+	■	+	
5	+	9	+		22
18		14		13	

	+		+	9	18
+	■	+	■	+	
4	+		+		14
+	■	+	■	+	
	+	7	+	5	13
8		21		16	

Rellena los números que faltan, son números del 1 al 9.
Cada numero solo se utiliza una vez.

Ficha 7

	+	3	+		11
+	■	+	■	+	
	+	9	+	8	19
+	■	+	■	+	
	+		+	4	15
14		18		13	

7	+		+	1	16
+	■	+	■	+	
	+		+		16
+	■	+	■	+	
	+	3	+	4	13
18		13		14	

Rellena los números que faltan, son números del 1 al 9.
Cada numero solo se utiliza una vez.

Ficha 8

	+		+	8	**24**
+	■	+	■	+	
	+	1	+		**10**
+	■	+	■	+	
3	+		+	2	**11**
14		**16**		**15**	

6	+		+	5	**15**
+	■	+	■	+	
	+	7	+		**18**
+	■	+	■	+	
	+	1	+		**12**
16		**12**		**17**	

Rellena los números que faltan, son números del 1 al 9.
Cada numero solo se utiliza una vez.

Ficha 9

2	+	9	+		18
+	■	+	■	+	
5	+		+		16
+	■	+	■	+	
	+	4	+		11
8		21		16	

+		+	7	15
+	■	+	■	+
4	+		+		13
+	■	+	■	+
9	+	5	+		17
19		15		11

Rellena los números que faltan, son números del 1 al 9.
Cada numero solo se utiliza una vez.

Ficha 10

9	+	5	+		18
+	■	+	■	+	
8	+		+	7	17
+	■	+	■	+	
	+		+		10
18		10		17	

	+		+	6	17
+	■	+	■	+	
5	+		+	1	14
+	■	+	■	+	
	+		+	2	14
12		24		9	

PIRÁMIDES NUMÉRICAS

Completa la pirámide matemática

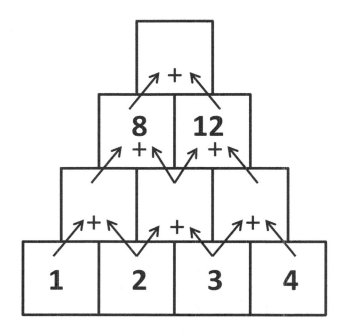

¿Qué números hay que colocar en los cuadros
en blanco para completar la pirámide numérica
de la figura?

Para resolver la pirámide numérica, el resultado del cuadro
de arriba es el resultado de la suma de los dos cuadros de
abajo, sobre los que está apoyado

Completa la pirámide matemática

Ficha 1

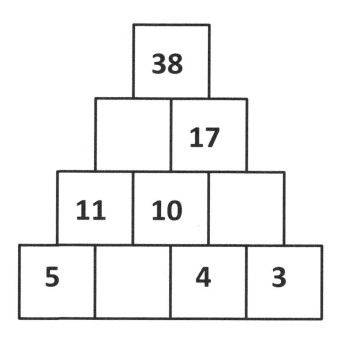

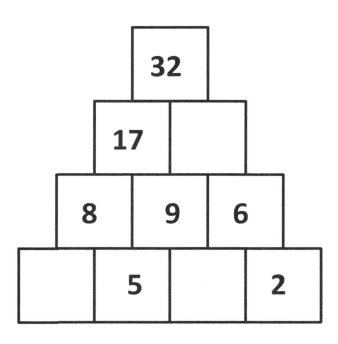

Completa la pirámide matemática

Ficha 2

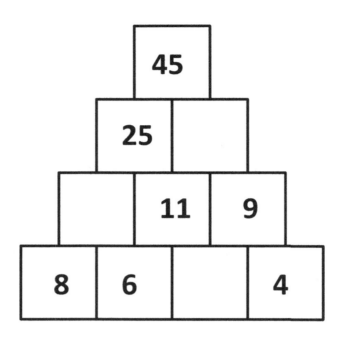

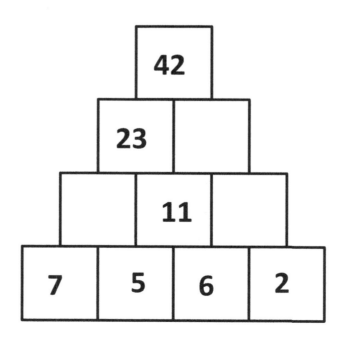

Completa la pirámide matemática

Ficha 3

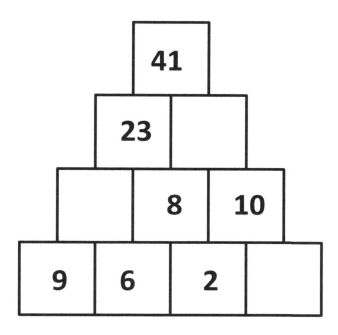

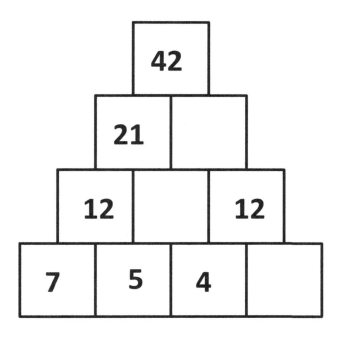

Completa la pirámide matemática

Ficha 4

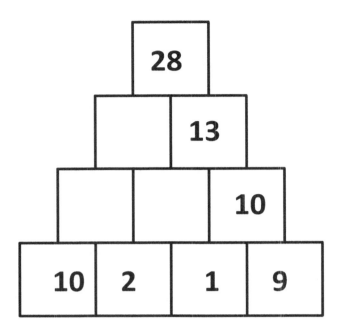

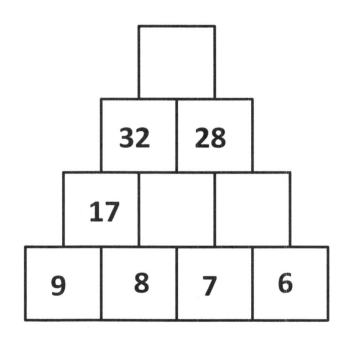

Completa la pirámide matemática

Ficha 5

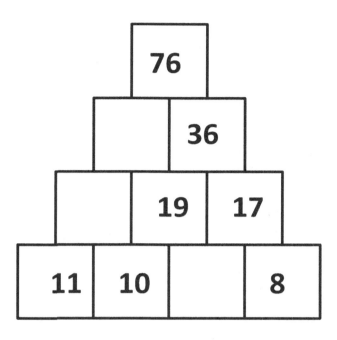

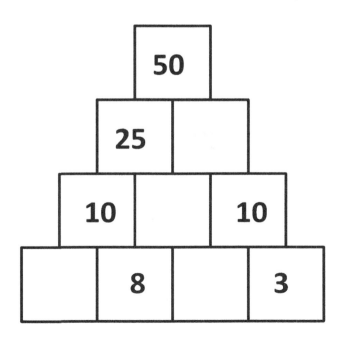

Completa la pirámide matemática

Ficha 6

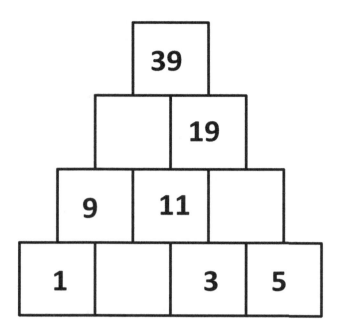

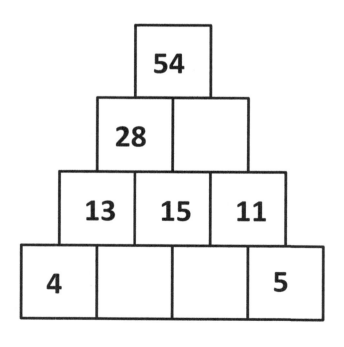

Completa la pirámide matemática

Ficha 7

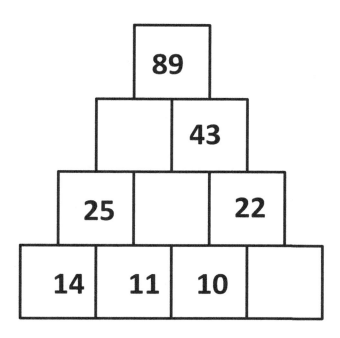

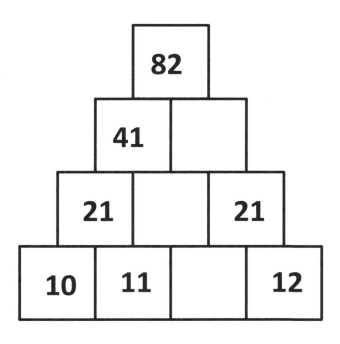

Completa la pirámide matemática

Ficha 8

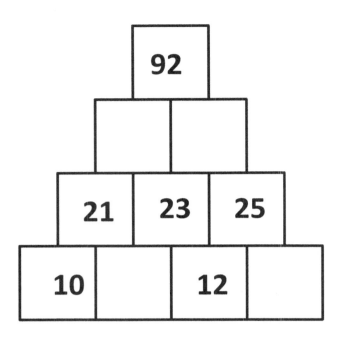

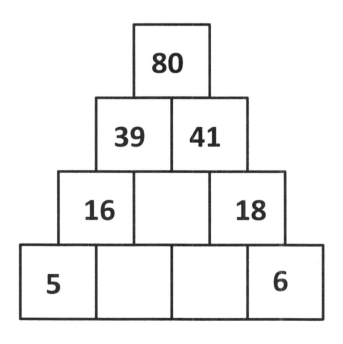

Completa la pirámide matemática

Ficha 9

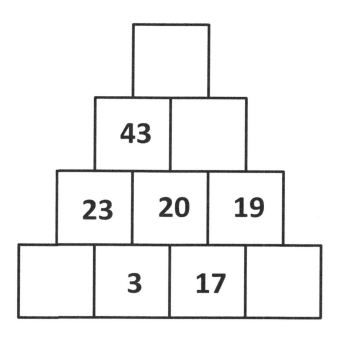

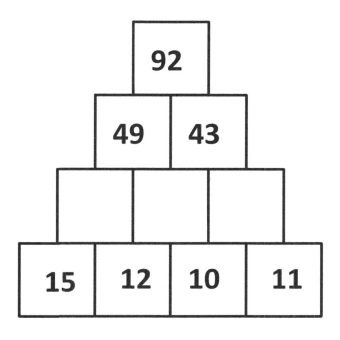

Completa la pirámide matemática
Ficha 10

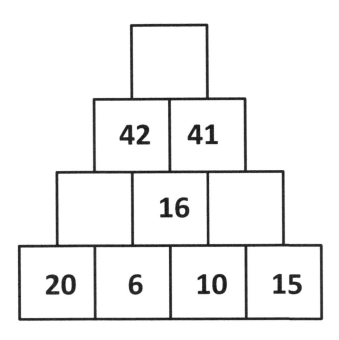

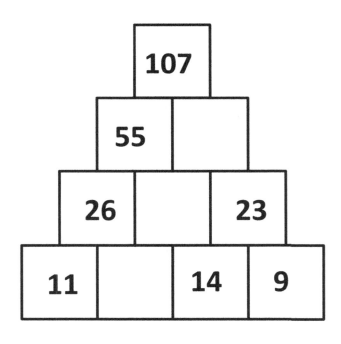

LABERINTOS

LABERINTO

Ficha 1

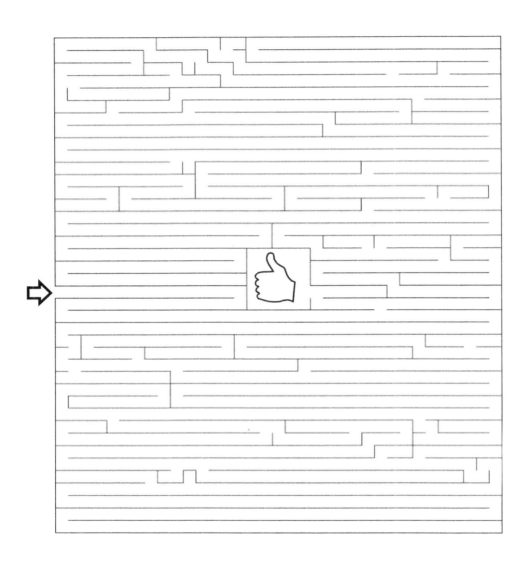

LABERINTO

Ficha 2

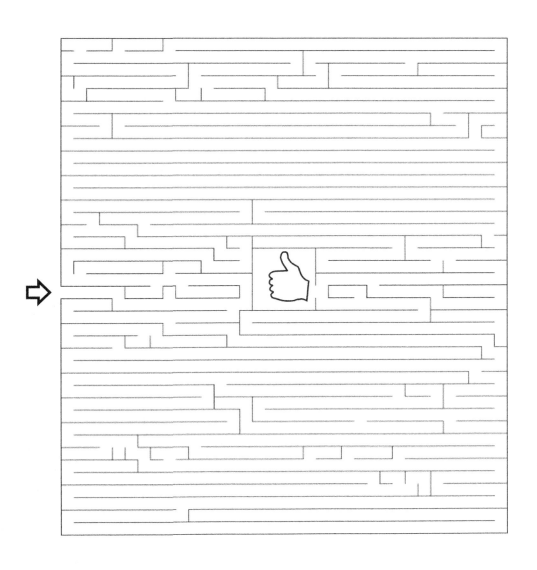

LABERINTO

Ficha 3

LABERINTO

Ficha 4

LABERINTO

Ficha 5

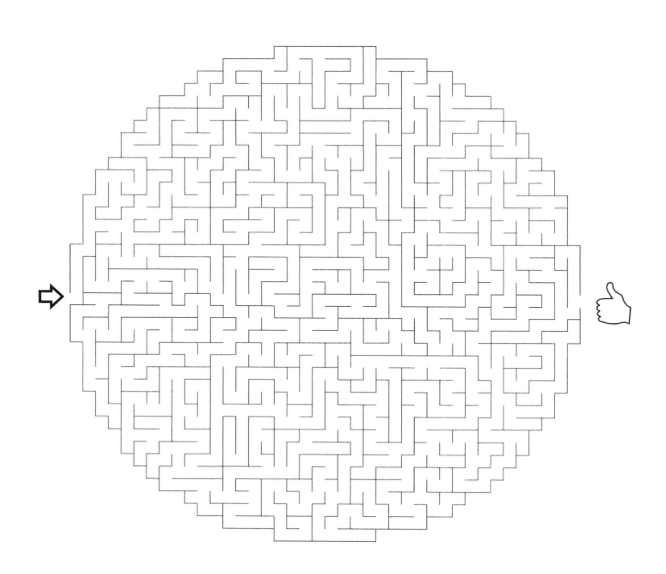

LABERINTO

Ficha 6

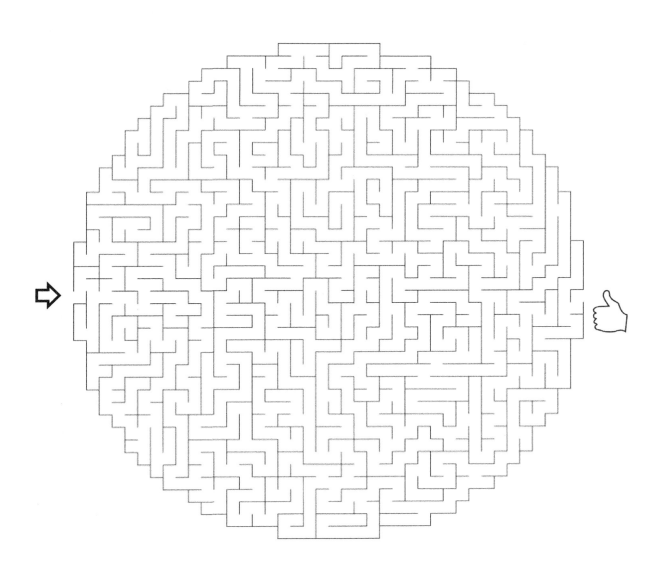

SOLUCIONES
LETRAS
Y
NÚMEROS

Solución Ficha 1

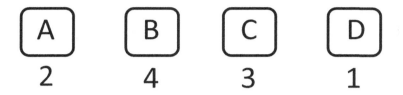

A	B	C	D
2	4	3	1

E	A	M	F	B	K	C
	+2+	+	+4+	+3

= 7

P	C	U	A	D	S	Z
	+3+	+2+1+	+

= 6

A	R	D	H	W	B	Y
2+	+1+	+	+4+

= 7

	A		B	C		D
	+2+	+4+3+	+1

= 10

Solución Ficha 2

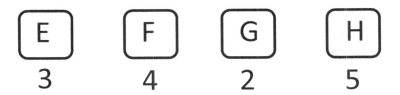

E	F	G	H
3	4	2	5

E	B	C	H	D	G	M		
3 +	+	+ 5 +	+ 2 +			=	10

F	Q	E	O	G	R	P		
4 +	+ 3 +	+ 2 +	+			=	9

S	H	T	F	W	G	Z		
+ 5 +	+ 4 +	+ 2 +				=	11

E	Y	F	X	G	J	I		
3 +	+ 4 +	+ 2 +	+			=	9

Solución Ficha 3

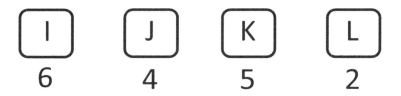

I	J	K	L
6	4	5	2

C	I	E	K	J	A	L
	+ 6 +		+ 5 +	4 +		+ 2

= 15

J	B	L	F	K	D	G
4 +		+ 2 +		+ 5 +		+

= 11

H	I	N	J	L	O	Q
	+ 6 +		+ 4 +	2 +		+

= 12

R	J	S	K	P	M	L
	+ 4 +		+ 5 +		+	+ 2

= 11

Solución Ficha 4

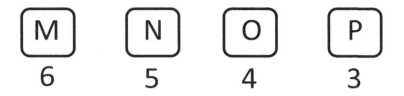

M	N	O	P
6	5	4	3

M K J P O F N
6 + + + 3 + 4 + + 5 = 18

O L G N H N E
4 + + + 5 + + 5 + = 14

B M W N D P X
+ 6 + + 5 + + 3 + = 14

P Z U T N C O
3 + + + + 5 + + 4 = 12

Cuenta el número de cada figura y anota debajo

Solución Ficha 5

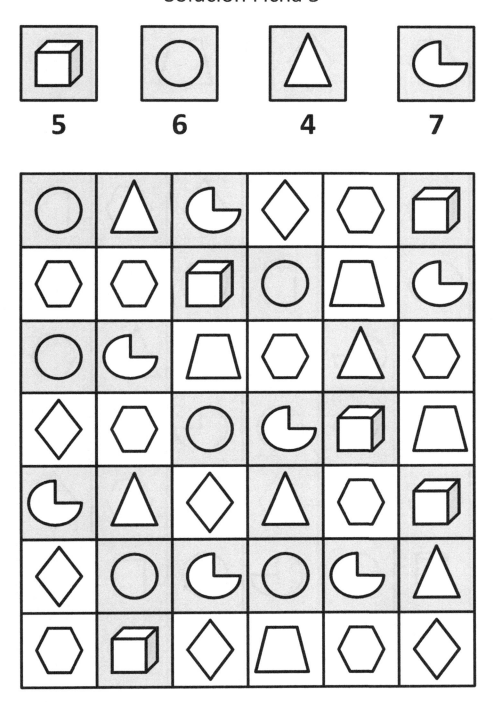

5   6   4   7

Cuenta el número de cada figura y anota debajo

Solución Ficha 6

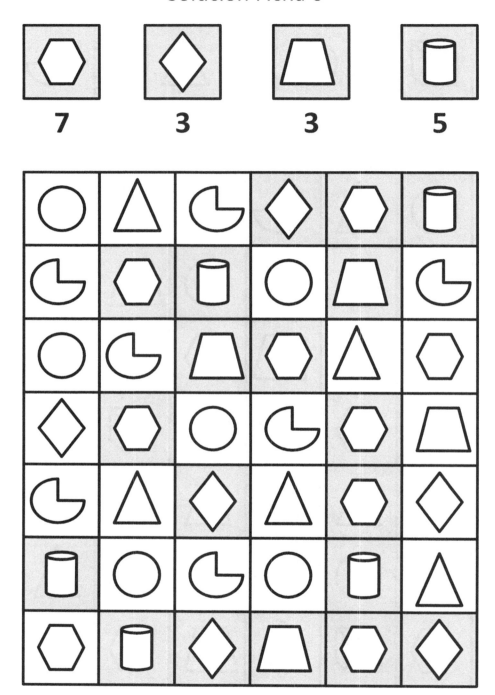

Cuenta el número de cada figura y anota debajo
Solución Ficha 7

4   5   5   6

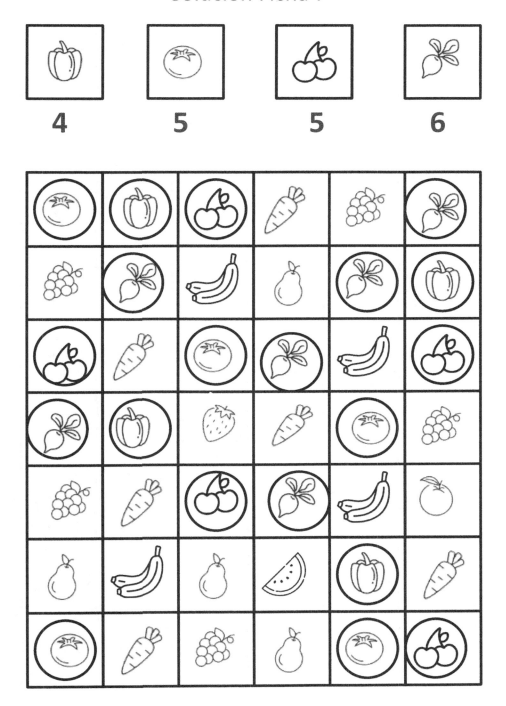

Cuenta el número de cada figura y anota debajo

Solución Ficha 8

🥕	🍌	🍇	🍊
6	4	5	3

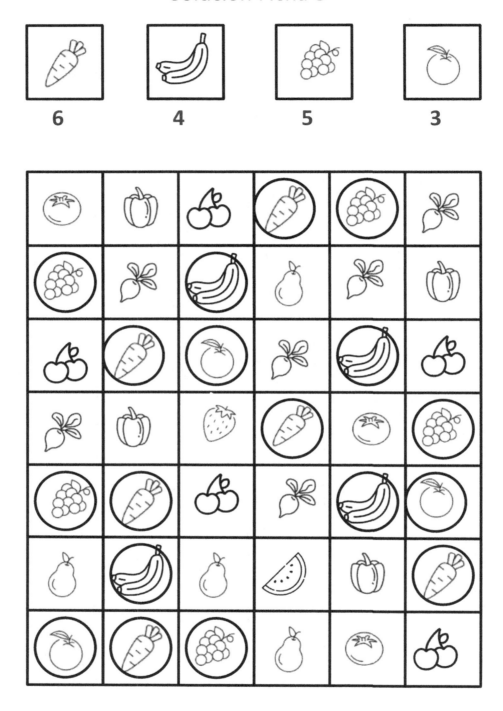

Las letras de cada celda están debajo del rompecabezas.
Intente reconstruir el mensaje original eligiendo las letras para cada celda.

Solución Ficha 9

C	R	E	A	R
C	O	M	E	R
C	A	U	S	A
C	A	R	T	A
C	L	A	R	O
C	O	G	E	R

C				
C	O	R	S	
C	L	U	T	R
C	A	M	E	A

Las letras de cada celda están debajo del rompecabezas.
Intente reconstruir el mensaje original eligiendo las letras para cada
celda.

Solución Ficha 10

P	O	D	E	R
P	E	R	R	O
P	E	D	I	R
P	O	N	E	R
P	A	R	T	E
P	A	P	E	L

		D		
		R		
	O	N	R	
P	E	D	T	E
P	O	R	I	O

Las letras de cada celda están debajo del rompecabezas.
Intente reconstruir el mensaje original eligiendo las letras para cada celda.

Solución Ficha 11

D	E	S	E	O
D	O	N	D	E
D	E	C	I	R
D	U	L	C	E
D	E	J	A	R
D	E	B	E	R

```
                E
       U        I
       E        E
   D   E   J    A   R
   D   E   C    D   R
```

Las letras de cada celda están debajo del rompecabezas.
Intente reconstruir el mensaje original eligiendo las letras para cada
celda.

Solución Ficha 12

F	E	L	I	Z
F	I	N	A	L
F	O	R	M	A
F	A	L	T	A
F	R	A	S	E
F	Á	C	I	L

```
F       N           A
F       L           L
F       C    I    Z
F    E   R    T   L
```

Las letras de cada celda están debajo del rompecabezas.
Intente reconstruir el mensaje original eligiendo las letras para cada celda.

Solución Ficha 13

P	O	D	E	R
P	E	R	R	O
P	E	D	I	R
P	O	N	E	R
P	A	R	T	E
P	A	P	E	L

P	N		
P	R		R
P	O	D	T	L
P	A	R	E	O

SOLUCIONES
CUADROS
MATEMÁTICOS

Solución cuadro matemático
Ficha 1

2	+	8	+	9	**19**
+	■	+	■	+	
6	+	3	+	7	**16**
+	■	+	■	+	
4	+	1	+	5	**10**
12		**12**		**21**	

4	+	7	+	3	**14**
+	■	+	■	+	
6	+	5	+	8	**19**
+	■	+	■	+	
1	+	9	+	2	**12**
11		**21**		**13**	

Solución cuadro matemático
Ficha 2

7	+	5	+	6	18
+	■	+	■	+	
8	+	9	+	4	21
+	■	+	■	+	
1	+	2	+	3	6
16		16		13	

2	+	4	+	3	9
+	■	+	■	+	
1	+	5	+	8	14
+	■	+	■	+	
9	+	7	+	6	22
12		16		17	

Solución cuadro matemático
Ficha 3

2	+	3	+	5	**10**
+	■	+	■	+	
6	+	4	+	7	**17**
+	■	+	■	+	
1	+	8	+	9	**18**
9		**15**		**21**	

6	+	3	+	9	**18**
+	■	+	■	+	
5	+	2	+	4	**11**
+	■	+	■	+	
1	+	7	+	8	**16**
12		**12**		**21**	

Solución cuadro matemático
Ficha 4

1	+	8	+	4	**13**
+	■	+	■	+	
5	+	7	+	6	**18**
+	■	+	■	+	
9	+	3	+	2	**14**
15		**18**		**12**	

6	+	9	+	4	**19**
+	■	+	■	+	
2	+	3	+	8	**13**
+	■	+	■	+	
1	+	7	+	5	**13**
9		**19**		**17**	

Solución cuadro matemático
Ficha 5

5	+	7	+	4	**16**
+	■	+	■	+	
2	+	3	+	8	**13**
+	■	+	■	+	
1	+	6	+	9	**16**
8		**16**		**21**	

4	+	5	+	8	**17**
+	■	+	■	+	
2	+	9	+	6	**17**
+	■	+	■	+	
7	+	3	+	1	**11**
13		**17**		**15**	

Solución cuadro matemático
Ficha 6

6	+	3	+	1	**10**
+	■	+	■	+
7	+	2	+	4	**13**
+	■	+	■	+
5	+	9	+	8	**22**
18		**14**		**13**

3	+	6	+	9	**18**
+	■	+	■	+
4	+	8	+	2	**14**
+	■	+	■	+
1	+	7	+	5	**13**
8		**21**		**16**

Solución cuadro matemático
Ficha 7

7	+	3	+	1	**11**
+	■	+	■	+	
2	+	9	+	8	**19**
+	■	+	■	+	
5	+	6	+	4	**15**

14   **18**   **13**

7	+	8	+	1	**16**
+	■	+	■	+	
5	+	2	+	9	**16**
+	■	+	■	+	
6	+	3	+	4	**13**

18   **13**   **14**

Solución cuadro matemático
Ficha 8

7	+	9	+	8	24
+		+		+	
4	+	1	+	5	10
+		+		+	
3	+	6	+	2	11
14		16		15	

6	+	4	+	5	15
+		+		+	
2	+	7	+	9	18
+		+		+	
8	+	1	+	3	12
16		12		17	

Solución cuadro matemático
Ficha 9

2	+	9	+	7	**18**
+	■	+	■	+	
5	+	8	+	3	**16**
+	■	+	■	+	
1	+	4	+	6	**11**
8		**21**		**16**	

6	+	2	+	7	**15**
+	■	+	■	+	
4	+	8	+	1	**13**
+	■	+	■	+	
9	+	5	+	3	**17**
19		**15**		**11**	

Solución cuadro matemático
Ficha 10

9	+	5	+	4	18
+	■	+	■	+	
8	+	2	+	7	17
+	■	+	■	+	
1	+	3	+	6	10
18		10		17	

4	+	7	+	6	17
+	■	+	■	+	
5	+	8	+	1	14
+	■	+	■	+	
3	+	9	+	2	14
12		24		9	

SOLUCIONES
PIRÁMIDES
NUMÉRICAS

Completa la pirámide matemática

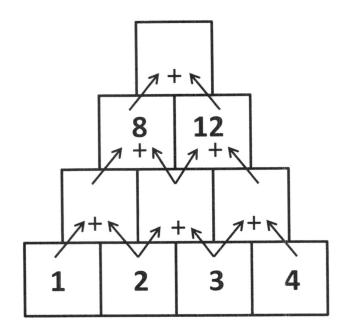

¿Qué números hay que colocar en los cuadros
en blanco para completar la pirámide numérica
de la figura?

Para resolver la pirámide numérica, el resultado del cuadro
de arriba es el resultado de la suma de los dos cuadros de
abajo, sobre los que está apoyado

Solución pirámide matemática

Ficha 1

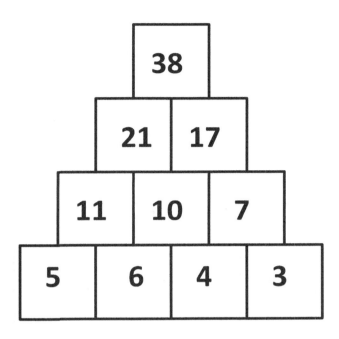

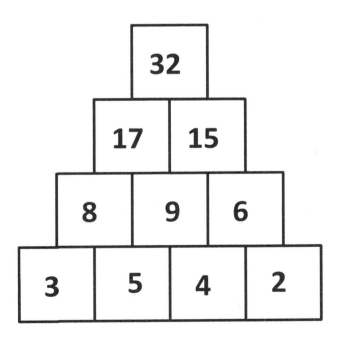

Solución pirámide matemática

Ficha 2

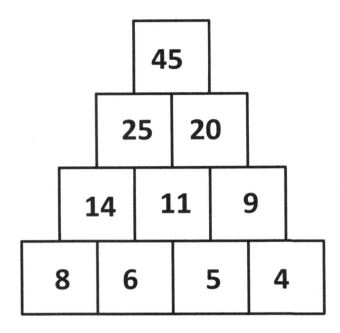

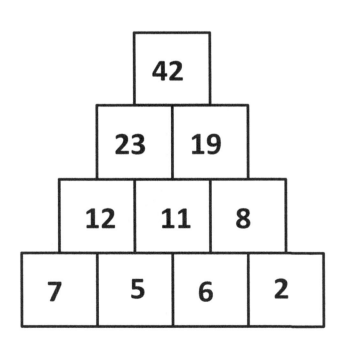

Solución pirámide matemática

Ficha 3

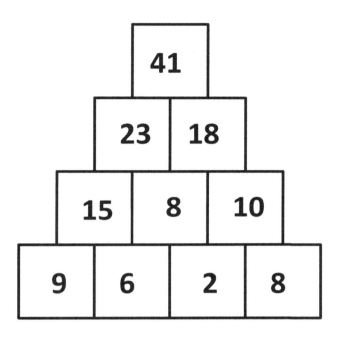

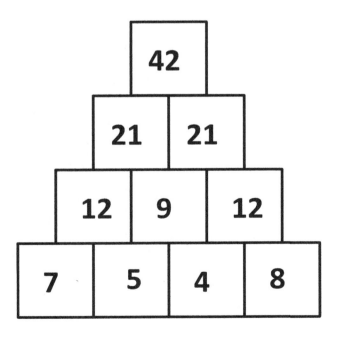

Solucion pirámide matemática

Ficha 4

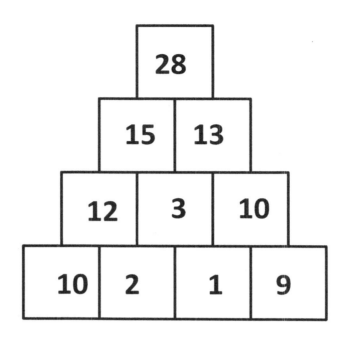

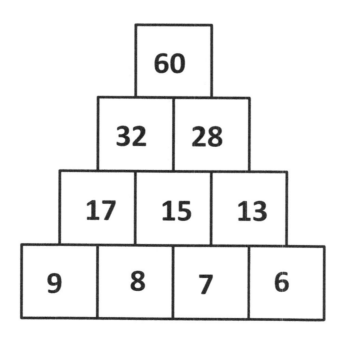

Solucion pirámide matemática

Ficha 5

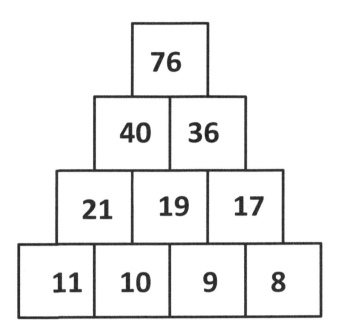

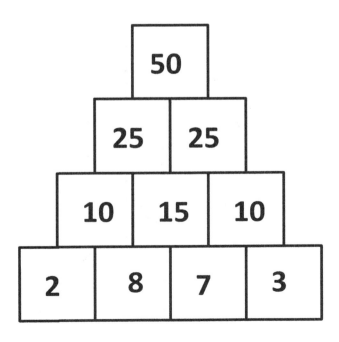

Solucion pirámide matemática

Ficha 6

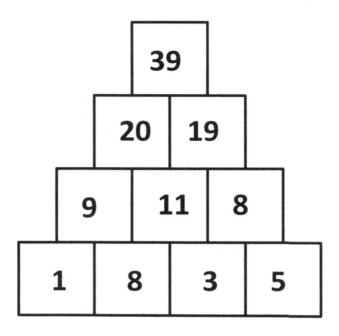

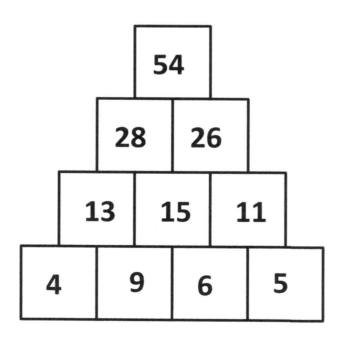

Solución pirámide matemática

Ficha 7

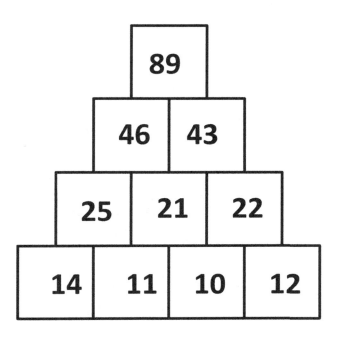

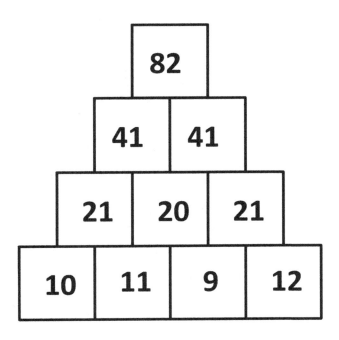

Completa la pirámide matemática

Ficha 8

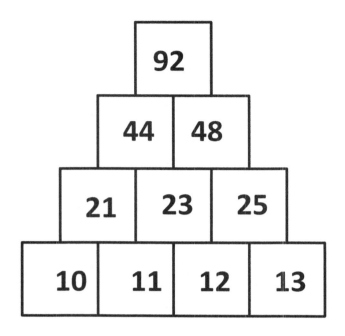

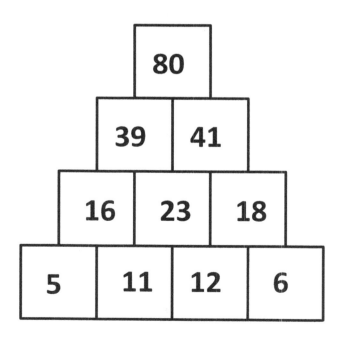

Completa la pirámide matemática

Ficha 9

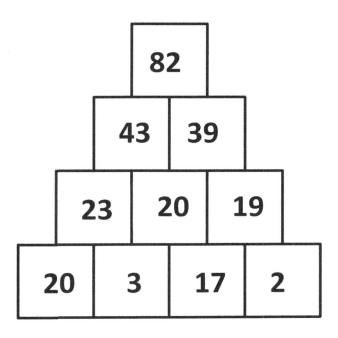

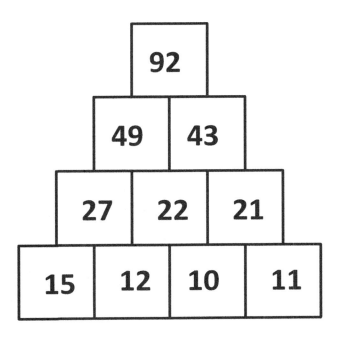

Solución pirámide matemática

Ficha 10

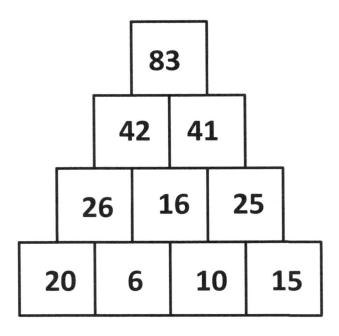

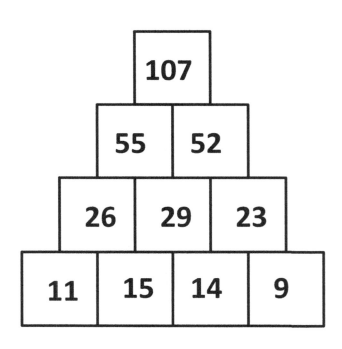

SOLUCIONES
LABERINTOS

LABERINTO

Ficha 1

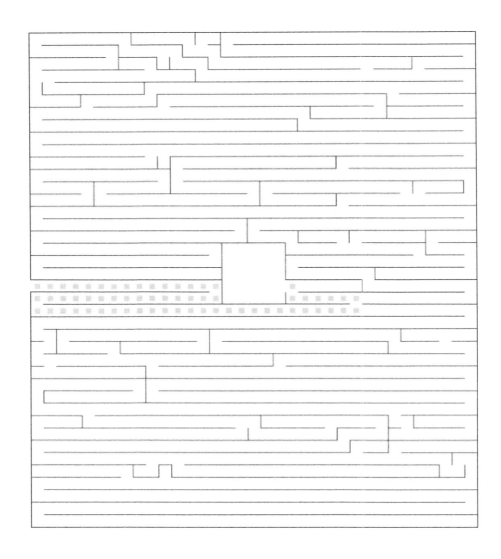

LABERINTO

Ficha 2

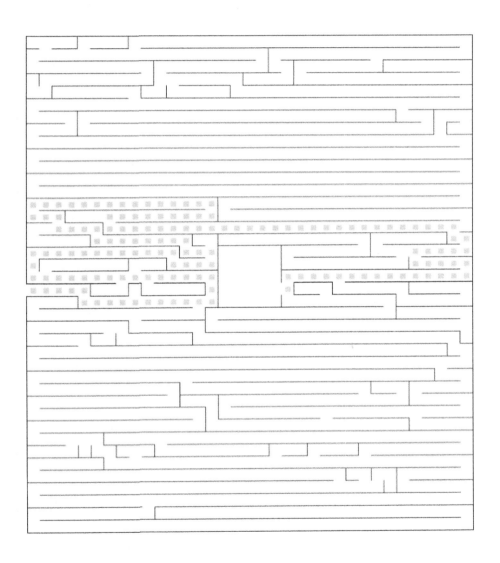

LABERINTO

Ficha 3

LABERINTO

Ficha 4

LABERINTO

Ficha 5

LABERINTO

Ficha 6

Descubre nuestras colecciones de libros de entretenimiento en amazon

¡ Tenemos un libro esperándote !

Made in the USA
Las Vegas, NV
27 November 2023

81650343R00050